EL FACTOR CONFIANZA

Un parámetro ignorado de la productividad

Resumen y análisis
de la obra de Stephen M. R. Covey

Por Charlotte Bouillot
Traducido por Laura Soler Pinson

SACA LO MEJOR DE CADA SUPERVENTAS

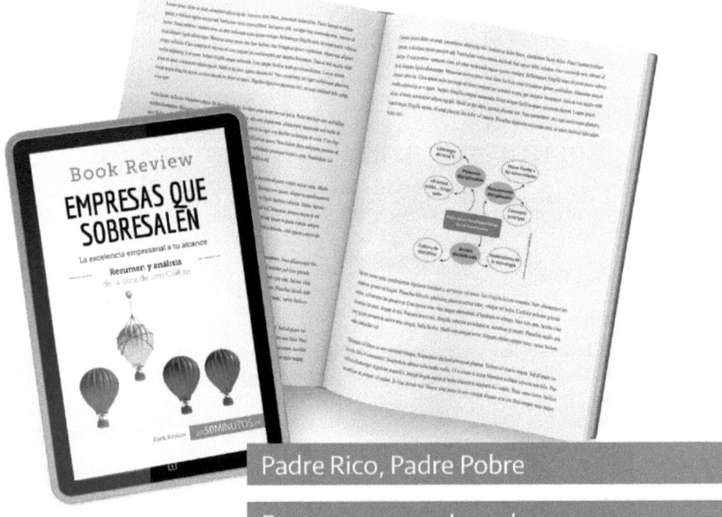

www.en50minutos.es

LA CONFIANZA

UN FACTOR DE RENDIMIENTO FUNDAMENTAL

En 1997, Stephen M. R. Covey se encuentra a la cabeza del Covey Leadership Center, la compañía que su padre ha creado, y dirige su fusión con el despacho Franklin Quest. Stephen relata:

> «Yo pensaba que todo el mundo daba por sentadas mi reputación y mi credibilidad. Pero no era así y, aunque la mitad de los colaboradores confiaban en mí, la otra me miraba con desconfianza [...], asum[iendo] sencillamente que ocupaba un puesto directivo por ser el hijo de Stephen Covey [...]. Tuve que tomar mis decisiones mucho más lentamente [y] todo ello estaba costando mucho tiempo, energía y, por lo tanto, dinero»[1] (Covey 2007).

Para el directivo, este trance se convirtió en su experiencia más instructiva en cuanto a incremento de la confianza. En efecto, aunque vivimos en una época marcada por una crisis de confianza devastadora en todos los niveles de la sociedad, tanto en la esfera pública como privada, este especialista mundial del liderazgo pretende demostrar que la confianza es el factor de desarrollo del rendimiento del que no pueden prescindir ni organizaciones, ni individuos. Sobre todo, también afirma que cada uno de nosotros tiene el poder de generar y de restablecer la confianza inexistente o perdida. En un momento en el que las instituciones

---

1. Todas las citas de esta obra han sido traducidas por 50Minutos.es

financieras internacionales multiplican los procedimientos farragosos y costosos para intentar reducir la desconfianza de los inversores, Stephen M. R. Covey publica una obra de desarrollo personal titulada *El factor confianza*, que se ha convertido en una referencia para los responsables del mundo entero.

DATOS PRINCIPALES

- **¿Edición de referencia?** Covey, Stephen M. R. y Rebecca R. Merrill. 2007. *El factor confianza: el valor que lo cambia todo* (*The speed of trust: the one thing that changes everything*, 2006). Traducido por Gema Andújar y Remedios Diéguez. Barcelona: Paidós Ibérica.
- **¿Autores?**
  - Stephen M. R. Covey, autor estadounidense residente en Alpine, en Utah, cuenta con un MBA obtenido en 1989 en Harvard y es el cofundador de la compañía CoveyLink Worldwide, fusionada desde 2008 con FranklinCovey, compañía fundada —entre otros— por su padre, Stephen R. Covey.
  - Rebecca R. Merrill, autora estadounidense residente en Durham, Carolina del Norte, posee un Máster en Ciencias de la Educación obtenido en 1989 en Harvard. Ayudó al doctor Stephen R. Covey en la redacción de sus dos superventas, *Primero, lo primero* y *Los 7 hábitos de la gente altamente efectiva*. En 1999, funda y se pone al frente de la compañía Merill

Leadership (*coaching* de ejecutivos).
- ° Prólogo del doctor Stephen R. Covey, nacido en 1932 en Salt Lake City (Utah) y fallecido en 2012 en Idaho Falls (Idaho), autor del celebérrimo *Los 7 hábitos de la gente altamente efectiva*, entre otras publicaciones. Fue un hombre de negocios y profesor de la Escuela de Negocios Jon M. Huntsman de la Universidad Estatal de Utah.

- **¿Palabras clave?**
  - ° <u>Burbuja de las punto com</u>: el término «burbuja» (económica, especulativa o, incluso, financiera) se emplea para indicar un periodo en el que el valor de cambio de activos en un mercado alcanza un nivel excesivo con respecto a su valor real. La burbuja de las punto com, o *dot-com bubble* en inglés, es la que afectó a los valores de las tecnologías de la información y de las comunicaciones a finales de los años noventa.
  - ° <u>Tecnologías de la información y de la comunicación (TIC)</u>: según la OCDE, esta terminología abarca a los productores (fabricantes de ordenadores, de televisiones, de teléfonos, etc.), a los distribuidores y a los servicios (telecomunicaciones, servicios informáticos, etc.) que permiten tratar y transmitir la información.

CONTEXTO

Los padres de Stephen M. R. Covey se conocen en Irlanda, adonde viajan como misioneros de la Iglesia de Jesucristo de los Santos de los Últimos Días, cuyos adeptos son comúnmente llamados «mormones». Además de las numerosas recompensas que jalonan su carrera de profesor y de hombre de negocios, Stephen R. Covey tiene nueve hijos y cerca de sesenta nietos y bisnietos. De hecho, recibe el premio a la paternidad «National Fatherhood Award» de la NFI (National Fatherhood Initiative).

LOS MORMONES

Esta doctrina cristiana que Joseph Smith (1805-1844) funda en 1830 se basa en la fe partiendo de sagradas escrituras complementarias a la Biblia. Sus miembros creen en una segunda venida de Jesucristo a la Tierra, quien les guía a través de la voz de un profeta vivo. En la actualidad, los mormones serían más de 15 millones en todo el mundo. Siguen los principios de un plan de salvación que les permitirá unirse a Dios con su familia, elemento central de la teología que además es considerada la mayor fuente de felicidad.

Al igual que su padre, Stephen M. R. Covey obtiene un MBA (Máster en Administración y Dirección de Empresas, por sus siglas en inglés) en Harvard en 1989. A continuación, entra en la empresa familiar que su padre ha fundado en 1984 junto a Greg Link y a Roger Merrill, y allí trabaja primero como director comercial, para pasar después a director nacional de ventas, a presidente y, finalmente, a director general. Bajo su liderazgo, el Covey Leadership Center se convierte en una de las mayores empresas de desarrollo del liderazgo a nivel global: en tres años, los beneficios de la compañía se multiplican por 12, se abren filiales en 40 países y el valor de la empresa pasa de 2,4 a 160 millones de dólares en el momento de su fusión con Franklin Quest en 1997. Stephen ha implementado la estrategia que su padre ha desarrollado en el libro *Los 7 hábitos de la gente altamente efectiva*. Esta obra de desarrollo personal, que ha vendido más de 20 millones de ejemplares y se ha traducido a 38 lenguas, escrito junto a Rebeca Merrill, la mujer de Roger Merrill, retoma siete principios universales e intemporales que nos permiten gestionar mejor nuestra vida personal, profesional y social.

Stephen M. R. Covey y Greg Link, que cuentan con una experiencia de varios años a la cabeza de diferentes organizaciones o trabajando como consejeros de los dirigentes de las mayores empresas estadounidenses, se dedican durante diez años a efectuar investigaciones. Así, el resultado es la creación de CoveyLink Worldwide, un programa concreto que trata de instaurar la confianza como impulsora de los rendimientos de los individuos y de las organizaciones. De esta manera, ya sea en negocios o en la familia, los Covey habrán dedicado su vida a predicar los principios clave de la salvación de los individuos y de las organizaciones que han perdido su sistema de referencias.

LA BURBUJA DE LAS PUNTO COM

En 1995, la empresa NetScape, fundada un año antes por Marc Andreessen (nacido en 1971), el jovencísimo inventor del primer navegador web, sale a bolsa. En tan solo unas horas, el precio de las acciones pasa de 28 a 75 dólares y su capitalización bursátil alcanza los 3000 millones de dólares, incluso a pesar de sufrir pérdidas de varios millones. Entramos en la «burbuja de las punto com», periodo de euforia en el que los inversores pondrán a disposición de las empresas emergentes medios colosales, totalmente desmedidos en relación con su volumen de negocios o con sus beneficios reales.

Así, Yahoo!, Amazon o eBay forman parte de estos nuevos proyectos revolucionarios desde un punto de vista tecnológico, pero también económico: internet trastoca los modos de comunicación y de producción, permitiendo que se desmaterialice un gran número de procesos y que aumente considerablemente la eficiencia de producción. Esto genera la confianza ciega de los inversores, que sueñan con reproducir el éxito fulgurante de Apple y de Microsoft en los años setenta. En 1999, el 79 % de las salidas a bolsa de empresas estadounidenses son compañías «punto com» y un 80 % de ellas sufren pérdidas en el momento de su entrada en bolsa. En este punto, la valorización de eBay multiplica 8600 veces sus beneficios anuales. La carrera de las nuevas tecnologías provoca una subida de las subastas y los precios de las adquisiciones se disparan: el fabricante de equipos estadounidense Lucent Technologies compra Ascend Communications por un importe récord de 20 000 millones de dólares, la francesa Alcatel lleva a cabo una campaña norteamericana de recompra de tecnologías por un importe total de 16 000 millones de dólares y Cisco Systems compra más de 60 empresas de telefonía y de fibra óptica, entre las que se encuentra Cerent Corporation, adquirida por 6 900 millones de dólares.

EL CRACK BURSÁTIL DE 2001

Dado que carecen de un modelo económico sólido, bastará con solo unos meses para que las empresas emergentes más frágiles engullan su capital, como la página web de venta en línea Boo.com, lanzada en noviembre de 1999. La compañía se declara en quiebra en mayo de 2000, abandonando a inversores de renombre como el jefe de LMVH, Bernard Arnault (hombre de negocios francés, nacido en 1949) o a los bancos estadounidenses JP Morgan y Goldman Sachs, y dejando una deuda de 135 millones de dólares. La confianza ciega en la nueva economía virtual empieza a decaer y algunos analistas financieros anuncian el crack bursátil ligado a internet y a las empresas tecnológicas. El Nasdaq, mercado de acciones que agrupa los principales valores tecnológicos de Silicon Valley, inicia su vertiginosa caída: entre 1995 y 2000, las 4300 compañías del Nasdaq habían acumulado unos 145 000 millones de dólares de beneficios y el índice se había inflado de manera fulgurante de los 750 a los 5000 puntos; un año más tarde, había perdido la mitad de su valor y las ganancias desaparecen bajo los 148 000 millones de dólares de pérdidas.

Evolución del índice de Nasdaq 1975-2014

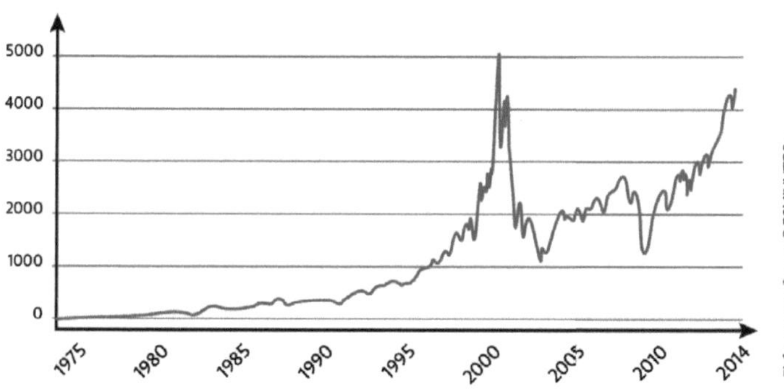

INSEGURIDAD

El 11 de septiembre de 2001, Estados Unidos sufre una serie de ataques terroristas que acaba con más de 3000 muertos. Aunque resulta difícil calcular las consecuencias directas de estos atentados, la OCDE dedica en 2002 un capítulo de sus *Perspectivas económicas* a las consecuencias económicas del terrorismo y estima pérdidas materiales valoradas en 14 000 millones de dólares para las empresas, 1500 millones de dólares para el estado de Nueva York y 700 millones de dólares a nivel federal. Tras los atentados, unos 200 000 empleos habrían sido suprimidos o deslocalizados fuera de Nueva York.

Algunos analistas dudan en establecer un vínculo directo entre estos atentados terroristas y la guerra que Estados Unidos lleva a cabo en Afganistán en los meses posteriores. Sea como fuere, las numerosas operaciones militares y de seguridad que se implementan en la mayor parte de los países occidentales contribuyen a mantener un clima de temor. La mayor parte de los sectores de la economía, ralentizados por el refuerzo de los controles fronterizos, se ven afectados por una crisis de confianza y sufren graves pérdidas: según Stephen Brock Blomberg, especialista del Claremont McKenna College (California) en el impacto económico del terrorismo, los ingresos que se dejan de percibir en 2002 ascienden a unos 35 000 millones de dólares en aeronáutica y a 17 000 millones de dólares en turismo.

ESTAFAS FINANCIERAS Y MANIPULACIONES CONTABLES

El crack bursátil de 2001 saca a la luz las prácticas fraudulentas de varios grandes grupos.

- En diciembre, Enron, una de las mayores compañías estadounidenses a nivel bursátil, anuncia su quiebra, arrastrando en su caída 5000 empleos y los fondos de pensión de unos 100 000 ahorradores. Al crear en los años noventa miles de empresas *offshore* cuyos resultados no estaban consolidados, el gigante estadounidense del gas pudo disimular pérdidas colosales con la bendición de la empresa auditora Arthur Andersen, que aprobaba sus cuentas anuales. En ese momento, su capitalización bursátil, que se elevaba a 85 000 millones de dólares, se volatiliza.
- En julio de 2002, es el turno de WorldCom, una empresa de telecomunicaciones estadounidense, que desaparece con 41 000 millones de deuda tras el mayor fraude contable de la historia estadounidense: el grupo declaró 11 000 millones de ingresos virtuales entre 2001 y 2002. De nuevo, se pone en entredicho el trabajo de Arthur Andersen y, finalmente, el despacho será desmantelado a lo largo de 2002, tras haber indemnizado a los acreedores de Enron por un importe de 60 millones de dólares.
- Ese mismo año, las auditorías que lleva a cabo la SEC (Securities and Exchange Commission), creada tras el crack bursátil de 1929 para regular y controlar los mercados financieros, revelan que Xerox habría escondido 6000 millones de pérdidas entre 1997 y 2001.

- Y los escándalos no se limitan a Estados Unidos. Tres meses después de haber confirmado a los administradores del grupo Vivendi-Universal que el endeudamiento de la empresa no superaba los 8000 millones de euros, su jefe, Jean-Marie Messier, publica las mayores pérdidas jamás registradas por un grupo francés: 13 600 millones de euros solo para el ejercicio de 2001.

  «Mientras los escándalos que afectan al mundo de la empresa, las amenazas terroristas, las maniobras internas y la precariedad de las relaciones conyugales provocaron una caída de la confianza en casi todos los frentes, estoy convencido de que la capacidad para generar, desarrollar, otorgar y restaurar la confianza no solo es vital para nuestro bienestar personal e interpersonal, sino que es la competencia clave necesaria para la dirección de la nueva economía global» (Covey 2007).

EL FACTOR CONFIANZA

«Confía en los hombres y te serán fieles, trátalos bien y ellos se mostrarán grandes»[2] (Ralph Waldo Emerson, escritor y filósofo estadounidense, 1803-1882).

RESUMEN

Al contrario de lo que se piensa, la confianza no solo está ligada a rasgos de la personalidad, sino también a competencias que permiten que obtengamos resultados. Así, es posible generar confianza y otorgarla, pero también restaurarla cuando ha sufrido un revés. La pérdida de confianza no es una fatalidad, puesto que tenemos un auténtico poder de acción sobre ella desarrollando ciertas competencias clave.

Los cuatro principios de la credibilidad

«Se trata de que nos convirtamos en personas dignas de confianza, tanto para nosotros mismos como para los demás» (Covey 2007), de que seamos personas creíbles. La credibilidad se basa en cuatro principios que, cuando resultan inestables, van erosionando a la vez nuestra confianza en nosotros mismos y la que inspiramos a los demás. Covey utiliza el ejemplo de un árbol: las raíces que no son visibles son la integridad, el tronco es la intención, las ramas son las capacidades que permiten producir y los frutos son los resultados concretos y cuantificables.

---

2. Cita traducida por 50Minutos.es

- La **integridad** se define como la capacidad para actuar en sintonía con nuestras convicciones, en perfecta armonía con nuestros discursos, y requiere humildad y valentía para defender siempre nuestros principios antes que nuestro ego. Los problemas de integridad son los que más perjudican la credibilidad.
- Juzgamos a los demás por sus actos y viceversa, de manera que todo el mundo saca conclusiones a través de su experiencia personal. Así, si mostramos nuestras **intenciones**, estamos trabajando para evitar malentendidos en la interpretación de nuestras decisiones: motivaciones transparentes y basadas en el interés mutuo son la clave del éxito a largo plazo, mientras que el engaño contribuye a desgastar la confianza en todas nuestras relaciones.
- Los demás nos otorgarán su confianza por un trabajo preciso basándose, en gran medida, en nuestras **capacidades**. Estas abarcan:
  - los **talentos** o aptitudes naturales de las que no siempre somos conscientes, pero de las que deriva la mayor parte de nuestro rendimiento personal y profesional (carisma, organización, pedagogía, etc.);
  - las **actitudes**, es decir, los esquemas comportamentales que condicionan nuestra forma de ser y de ver las cosas de manera más o menos productiva («Voy a trabajar porque estoy obligado» contra «Voy a trabajar para contribuir en la creación de valor»: las actitudes generadas por ambas motivaciones serán completamente distintas);
  - las **habilidades**, que son las competencias que necesitamos tanto ahora como en el futuro, y por las que debemos seguir un aprendizaje permanente, puesto

que mientras que el talento es terreno fértil, la competencia tiene fecha de caducidad;

  - los **conocimientos**, es decir, nuestro nivel de comprensión en un ámbito determinado, que requiere que mantengamos un ritmo de aprendizaje constante en la empresa (formación colectiva y transmisión de conocimientos);
  - el **estilo de gestión**. Existen tantos como mánager en el mundo de los negocios; es fundamental que encontremos un enfoque personal eficaz a largo plazo que permita conservar la credibilidad y la confianza.

- Si el árbol no produce ningún **resultado**, significa que es estéril y, por lo tanto, el proceso es en vano: no resultarás creíble para el mundo exterior. Sin embargo, no tengas en cuenta únicamente los resultados financieros: el primer objetivo en una empresa es el crecimiento, y este solo puede tener lugar cuando se toman riesgos financieros.

Cambiar de actitud

En los negocios ocurre como en el amor: más allá de las palabras, lo que cuentan son los actos, que nuestro entorno se encarga de juzgar. No obstante, un comportamiento es un componente al que podemos renunciar o que podemos modificar, a veces cambiando simplemente nuestro discurso o nuestra mirada. Así, Covey elabora una lista de 13 actitudes universales que permiten mejorar nuestra capacidad para generar confianza, tanto en nuestras relaciones personales como en las profesionales.

- Demostraremos **franqueza**; no intentaremos maquillar nuestros fracasos; evitaremos retener información.

- Mostraremos **respeto** por las personas y por su trabajo, en todos los niveles de la organización; no descuidaremos los pequeños gestos, la educación; nos preocuparemos por los demás.
- Seremos **transparentes**, abiertos, auténticos; comunicaremos nuestras intenciones.
- Admitiremos rápidamente que nos hemos equivocado; nos mostraremos humildes y sinceros; haremos todo lo posible por **reparar los daños causados**.
- Demostraremos **lealtad**; reconoceremos los méritos de los demás; felicitaremos de manera generosa; evocaremos a los demás con respeto; nos dirigiremos directamente a la persona en cuestión.
- Comunicaremos la información acerca de nuestro historial de **resultados**; solo haremos promesas que podamos cumplir; anticiparemos las necesidades.
- Seguiremos **aprendiendo**; pediremos *feedback* y lo tendremos en cuenta; correremos el riesgo de equivocarnos; aprenderemos de nuestros errores.
- Hablaremos de todo, incluidos los temas espinosos, sin tabúes; **nos enfrentaremos** a la realidad y nos aplicaremos para resolver los problemas antes de que empeoren.
- Definiremos previamente las **expectativas**; dejaremos claros los objetivos y los ajustaremos para que sean realistas y todas las partes obtengan algún beneficio con ellos.
- Asumiremos nuestras **responsabilidades**; pediremos cuentas a los demás por sus actos de una forma justa; siempre dejaremos claro quién se encarga de cada cosa.
- Nos pondremos en la piel del otro, haremos el esfuerzo de entender su punto de vista; no pensaremos que tene-

mos todas las respuestas; **escucharemos** nuestro propio instinto.

- Estableceremos **compromisos** realistas y los cumpliremos, sean implícitos o explícitos; guardaremos los secretos.
- Construiremos la **confianza**; otorgaremos nuestra confianza de forma inteligente; crearemos sinergias; no nos mostraremos desconfiados solo por miedo a correr riesgos.

Generar confianza dentro de una organización

En una organización con un nivel bajo de confianza, los responsables tienden a centrarse en los comportamientos diarios sintomáticos y no en las estructuras y en los procesos internos que llevan a ellos. Sin embargo, si los métodos aplicados transmiten la desconfianza de los dirigentes, la confianza se ve directamente afectada. Por ello, hay que volver a los principios de la credibilidad de la organización para conciliar los valores de la empresa y los métodos de trabajo que derivan de ellos.

Desarrollar la imagen de marca

La imagen de marca refleja la reputación de una organización, de un producto o, incluso, de un individuo, y tiene una influencia directa sobre todas sus relaciones. Para incrementar el valor de una marca, esta debe tener la reputación de ser honesta (integridad), de preocuparse por aportar un servicio serio a sus clientes (intenciones), de asociarse a calidad o, incluso, a la excelencia (capacidades) y de resultar eficaz en el mercado (resultados).

Construir una empresa con un nivel de confianza ideal

Una empresa sana se basa en la contribución, es decir, en la voluntad de crear valor. Stephen Covey cita a Adam Smith (1723-1790):

> «El padre del liberalismo y autor de *La riqueza de las naciones* nos enseñó que la "virtud intencional" era la base de una economía próspera y que, cuando una masa crítica de ciudadanos compite por su interés incluido en el marco de la virtud intencional, una "mano invisible" guía a la sociedad en una dirección que debe crear riqueza y prosperidad para todos» (Covey 2007).

A nivel organizativo, la contribución es una necesidad económica: además de los resultados financieros, el impacto medioambiental y social de las empresas representa una importante fuente de beneficios duraderos. Pero la «ciudadanía global» no puede terminar donde empieza la industria; al contrario, empieza por uno mismo y su familia, antes de encontrar su aplicación en las organizaciones. Es una «elección individual y compromete una vida entera» (*ib.*).

CONCEPTOS CLAVE

La crisis de confianza

Stephen M. R. Covey parte de la siguiente premisa: «Nunca la confianza había estado tan degradada como hoy en día» (*ib.*). Cita un sondeo efectuado en Estados Unidos (Harris Interactive, 2005), según el cual el 27 % de los encuestados declara que confía en el Gobierno, el 22 % en los medios de comunicación, el 12 % en las grandes empresas y el 8 % en los partidos políticos. Solo un 51 % de los empleados confía en sus directivos (encuesta Watson Wyatt, 2004-2005) y únicamente un 36 % considera que sus dirigentes son honestos e íntegros (Harris Interactive, 2005). Covey añade que las dimisiones de los empleados se deben en su mayoría a una mala relación con su jefe.

También observamos esta pérdida de confianza en la esfera privada, puesto que, actualmente, uno de cada dos matrimonios acaba en divorcio (*ib.*). En 2005, el sociólogo británico David Halpern, que dirige la Behavioural Insights Team, una unidad estratégica del primer ministro, efectúa un estudio que revela que solo un 34 % de los estadounidenses siente que puede fiarse de los demás. Esta cifra se sitúa en un 23 % en América Latina y en un 18 % en África. En Gran Bretaña, un 60 % confiaba en sus semejantes hace cuarenta años, lo que contrasta con el 29 % de 2003 (*ib.*).

La economía de la confianza

Aunque, a primera vista, la confianza puede parecer intangible, no cuantificable, lo cierto es que afecta a dos factores muy concretos y evaluables: la velocidad y el coste de producción. Cuanto más disminuye la confianza, más se reduce la velocidad y más aumenta el coste (y viceversa).

Por ejemplo, en 2002 se adopta en Estados Unidos la Ley Sarbanes-Oxley como respuesta a los escándalos financieros que salen a la luz durante el crack bursátil del año anterior. Para restablecer la confianza de los mercados financieros hacia las empresas, estas deben plegarse a unos procedimientos contables largos y costosos que, solo en sus cuatro primeros años, ya cuestan a las compañías 35 000 millones de dólares (*ib.*). Para Covey, la confianza es la «variable escondida» de la ecuación básica en gestión, que se resumen de la siguiente manera: Estrategia x Ejecución x Confianza = Resultados.

«Mi tesis es que, aunque está claro que una confianza elevada no servirá para salvar una estrategia mediocre, una confianza baja casi siempre hará fracasar una buena estrategia» (*ib.*). De esta manera, el factor confianza puede representar un «impuesto» de entre el 20 % y el 80 % sobre los resultados cuando es baja o inexistente. Sin embargo, en el caso contrario, puede constituir un «dividendo» de entre un 20 % y un 40 % cuando se convierte en un activo tangible.

Al igual que ocurre con los individuos, la credibilidad de una organización se basa en su integridad, en sus intenciones, en sus capacidades y en sus resultados, y puede generar o restablecer la confianza cambiando su actitud, lo que permitirá que los impuestos se transformen en dividendos.

Impuestos y dividendos

Los 7 impuestos de la desconfianza	Los 7 dividendos de la confianza
Efecto de redundancia o trabajo duplicado	Creación de valor
Burocracia o acumulación de procedimientos	Aceleración del crecimiento
Política o guerras internas	Florecimiento de la capacidad de innovación
Desmotivación	Mejor colaboración
Rotación de la mano de obra interna	Colaboraciones más eficaces
Rotación de la mano de obra externa	Mejores capacidades de ejecución
Delincuencia	Lealtad duradera de todas las partes interesadas

Definición del liderazgo

Para Stephen M. R. Covey, el liderazgo es «el arte de obtener resultados de una forma que inspira confianza» (Covey 2007). Así, afirma que los medios implementados son tan importantes como los objetivos que se persiguen, ya que los frutos que se obtienen generando confianza condicionan la consecución de resultados futuros. Alcanzar metas destruyendo la confianza es un proceso contraproducente: «En vez de construir puentes de credibilidad y de confianza, estás creando barreras de recelo y de desconfianza» (*ib.*).

Los aceleradores que propone Stephen M. R. Covey

- Para reforzar nuestra integridad: cumpliremos las promesas que nos hacemos a nosotros mismos; defenderemos nuestras convicciones, pero mantendremos la mente abierta. En efecto, no cumplir con compromisos puede constituir a largo plazo una cadena de fracasos que alteran nuestra autoconfianza y nos atrapan en una espiral negativa.
- Para dejar claras nuestras intenciones: nos replantearemos constantemente nuestras motivaciones; las expresaremos claramente; no olvidaremos que siempre se pueden sacar suficientes cosas buenas de una relación como para que todo el mundo saque provecho.
- Para desarrollar nuestras capacidades: gestionaremos optimizando los puntos fuertes y los objetivos de cada uno; nunca dejaremos de aprender; tendremos una visión clara de nuestros objetivos.
- Para mejorar nuestros resultados: nos centraremos en los resultados y no en los procedimientos, y los asumiremos sean cuales sean; anticiparemos los éxitos para incrementar las posibilidades de que ocurran; iremos hasta el final de cada asunto.

Matriz de la confianza inteligente

> «Una capacidad de análisis elevada unida a una fuerte tendencia a confiar es la sinergia necesaria para desarrollar la intuición que requiere un juicio lúcido» (Covey 2007).

Aunque, a primera vista, nos parece que en la zona 4 los riesgos son más reducidos, lo cierto es que se trata de un auténtico peligro: el recelo acarrea largos y costosos análisis y nos lleva a perder oportunidades y a replegarnos sobre nuestras propias observaciones, en perjuicio de las ideas nuevas. Así, esto puede tener un efecto disuasorio sobre las colaboraciones.

REPERCUSIONES

LA MEJORA CONTINUA

El enfoque de Stephen M. R. Covey tiene poco de revolucionario, ya que se basa en principios universales de sentido común para ayudarnos a mejorar nuestras relaciones de manera duradera. De hecho, estos principios se aplican a cualquier tipo de organización, entendida como grupo de individuos que colaboran para crear valor: la familia, la escuela, los clubes, las empresas, las ONG, etc. Su enfoque no pretende resolver todos los problemas y funcionar de manera sistemática, ya que, en cualquier momento, uno puede pagar el precio de una relación destructiva. Sin embargo, pone en perspectiva los beneficios concretos de la confianza con respecto a las pérdidas generadas por la desconfianza, sobre todo cuando esta es generalizada en toda la estructura o, incluso, en toda la sociedad. Asimismo, la confianza que se otorga de manera inteligente siempre aumenta la credibilidad de un responsable a largo plazo, incluso si al final su confianza resulte traicionada o no conlleve los efectos esperados. En este sentido, la visión desarrollada en *El factor confianza* se asemeja bastante a un proceso de mejora continuo a través de la implementación de una serie de detalles que permiten que alcancemos nuestros objetivos más rápidamente y a un coste menor mientras capitalizamos los éxitos futuros.

La confianza, una competencia clave

La economía global o globalización de la economía en la que vivimos se basa en un mercado mundial de capitales desregulado, liberalizado e interconectado, en la liberalización del comercio y en la internacionalización de la comunicación. Es el «mundo plano» del que habla Thomas Friedman (nacido en 1953), editorialista en el New York Times, en su obra *La Tierra es plana. Breve historia del mundo globalizado del siglo XXI* (2006), un mundo en el que la economía se basa en las relaciones y en la lógica de la colaboración. Así, la confianza es la competencia clave para los dirigentes de esta economía global, ya que:

> «Sin confianza, no hay sociedad abierta, porque nunca hay policías suficientes para garantizar la vigilancia de las aperturas. Sin confianza, tampoco puede existir el mundo plano, puesto que es la confianza la que nos permite derribar los muros, arrancar las barreras y eliminar las fricciones en las fronteras. La confianza es vital en un mundo plano» (Friedman 2006, citado por Covey 2007).

Los cinco «por qué»

Covey observa que la crisis de confianza ha planteado importantes problemáticas con respecto a la ética de las organizaciones. Sin embargo, esta preocupación conduce a la implementación de normativas, reglamentos y otros códigos de conducta que promueven la obediencia a falta de una verdadera moral dentro de las organizaciones. Según él, la confianza va más allá de la ética, ya que esta se centra en las bases de las relaciones, no en sus síntomas. En este punto, cita una técnica de resolución de problemas que dio a conocer en los años setenta Toyota, el fabricante de automóviles: la técnica de los «cinco por qué». Con este procedimiento, se nos anima a llegar a la causa original de un problema a través de una serie de sucesivos «por qué» (de media, cinco) con los que eliminamos las distintas capas de síntomas una tras otra y que, por lo tanto, nos permiten extraer los verdaderos motivos. Según Covey, con esta técnica descubriremos la verdadera intención que yace tras nuestras acciones y analizaremos nuestras motivaciones profundas.

El principio de Peter

El principio de Peter, escrito en 1970 por los canadienses Laurence J. Peter (1919-1990), profesor en psicología, y Raymond Hull (1919-1985), autor teatral y periodista, establece como principio universal que «en una jerarquía, todo empleado tiende a ascender hasta su nivel de incompetencia» (Peter y Hull 2006, 138). Covey insiste en que debemos contrarrestar este principio con unas ganas de mejorar constantemente nuestras capacidades para ganar en credibilidad y restablecer la confianza en todos los niveles de la jerarquía.

EN RESUMEN

- «Nunca la confianza había estado tan degradada como hoy en día». Vivimos una crisis de confianza generalizada en todos los niveles de la sociedad, que afecta tanto a la esfera política y económica como a la familiar y a la social.
- La confianza es la competencia clave en nuestra economía global, dado que condiciona el éxito de las relaciones y de las colaboraciones.
- Aunque a primera vista puede parecer que la confianza es intangible y no cuantificable, siempre influye en dos factores absolutamente concretos y evaluables: la velocidad y el coste.
- La confianza no solo está vinculada a rasgos de personalidad, sino también a competencias que permiten obtener resultados. Por lo tanto, es posible establecer la confianza, otorgarla y, también, restaurarla si se ha visto dañada.
- La desconfianza genera un coste muy importante (impuestos) que puede suprimirse restableciendo la confianza e, incluso, puede transformarse en dividendos a largo plazo.
- Según Covey, el liderazgo es «el arte de obtener resultados de una forma que inspira confianza». Los medios que se implementan son tan importantes como los objetivos definidos, ya que los frutos que se obtienen generando confianza condicionan la obtención de resultados futuros.

PARA IR MÁS ALLÁ

FUENTES BIBLIOGRÁFICAS

- BBC News. 1999. "The company file Lucent strikes internet mega-merger". *BBC News*. 13 de enero. Consultado el 15 de marzo de 2017. http://news.bbc.co.uk/2/hi/business/254453.stm
- Bentalab, Siham. 2011. "Les '5 pourquoi?', outil d'aide à la resolution de problème". *Techniques de l'ingénieur*. 13 de octubre. Consultado el 15 de marzo de 2017. http://www.techniques-ingenieur.fr/fiche-pratique/environne-ment-securite-th5/gerer-une-installation-classee-dt98/les-5-pourquoi-outil-d-aide-a-la-resolution-de-pro-bleme-0446/
- Berteloot, Tristan. 2009. "Finances: de la bulle internet à la crise des subprimes". *Le Nouvel Obs*. 22 de diciembre. Consultado el 15 de marzo de 2017. http://tempsreel.nouvelobs.com/economie/20091222.OBS1440/finances-de-la-bulle-internet-a-la-crise-des-subprimes.html
- Brunel, Sylvie. 2015. "Qu'est-ce que la mondialisation?". *Sciences Humaines*. 14 de febrero. Consultado el 15 de marzo de 2017. https://www.scienceshumaines.com/qu-est-ce-que-la-mondialisation_fr_15307.html
- Covey, Stephen M. R. y Rebecca Merrill. 2007. El factor confianza: el valor que lo cambia todo. Barcelona: Paidós Ibérica.
- Cros, Céline. 2002. "Faillite d'Enron: Andersen Worldwide prêt à verser 60 millions de dollars aux victimes". *Le Monde du droit*. 28 de agosto. Consultado el 15 de marzo de 2017. http://www.lemondedudroit.fr/

organisation-judiciaire-profession-avocat/129948.html
- Elliott, John y Lauren Quaintance. 2003. "Britain is getting less trusting". *The Sunday Times*. 18 de mayo. Consultado el 15 de marzo de 2017. http://www.thetimes.co.uk/article/britain-is-getting-less-trusting-5sbjghnjclw
- Emmanuel, William. 2004. "Que reste-t-il de la bulle internet?". *01 Business*. 1 de octubre. Consultado el 21 de marzo de 2017. http://bfmbusiness.bfmtv.com/01-business-forum/que-reste-t-il-de-la-bulle-internet-258900.html
- Friedman, Thomas L. 2006. *La Tierra es plana: Breve historia del mundo globalizado del siglo XXI*. Barcelona: Martínez Roca.
- Girard, Laurence. 2000. "Alcatel se muscle en Amérique". *L'Usine Nouvelle*. 2 de marzo. Consultado el 15 de marzo de 2017. http://www.usinenouvelle.com/article/telecommunicationsalcatel-se-muscle-en-ameriqueavec-la-reprise-du-canadien-newbridge-alcatel-poursuit-son-pari-americain-et-se-renforce-sur-le-marche-des-reseaux-de-donnees.N96331
- Imperato, Gina. 1998. "How to hire the next Michael Jordan". *Fast Company*. Diciembre. Consultado el 21 de julio de 2015. https://www.fastcompany.com/36186/how-hire-next-michael-jordan
- Insee, "Technologies de l'information et de la communication (TIC)". Consultado el 15 de marzo de 2017. http://www.insee.fr/fr/methodes/default.asp?page=definitions/technologie-inform-communic.htm
- Le Nouvel Obs. 2002. "Xerox dans les pas d'Enron et Worldcom". *Le Nouvel Obs*. 1 de julio. Consultado el 15

de marzo de 2017. http://tempsreel.nouvelobs.com/economie/20020628.OBS7102/xerox-dans-les-pas-d-enron-et-worldcom.html

- Mataf, "Histoire d'une faillite célèbre: Enron". Consultado el 15 de marzo de 2017. https://www.mataf.net/fr/bourse/edu/formation-bourse/histoire-d-une-faillite-celebre-enron#utm_source=trader-finance.fr&utm_medium=trader-finance&utm_term=contenu&utm_campaign=redirection
- Miller, Candice S. 2006. "The Sarbanes-Oxley ACT 4 years later: what have we learned?". *U.S. Government Printing Office*. 5 de abril. Consultado el 15 de marzo de 2017. https://www.gpo.gov/fdsys/pkg/CHRG-109hhrg30899/html/CHRG-109hhrg30899.htm
- OCDE. 2002. "Conséquences économiques du terrorisme". *Perspectives économiques de l'OCDE*, n.º 71. Consultado el 15 de marzo de 2017. www.oecd.org/fr/eco/perspectives/1935306.pdf
- Orange, Martine. 2002. "Jean-Marie Messier, les six mois de chute". *Le Monde*. 1 de julio. Consultado el 15 de marzo de 2017. http://www.lemonde.fr/economie/article/2002/07/01/jean-marie-messier-les-six-mois-de-chute_283093_3234.html
- Peter, Laurence J. y Raymond Hull. 1969. *The Peter principle: why things always go wrong*. Nueva York: William Morrow and Company.
- Reavy, Pat. 2012. "Influential author Stephen R. Covey remembered as 'Papa' who put family first". *Deseret News*. 21 de julio. Consultado el 15 de marzo de 2017. http://www.deseretnews.com/article/865559400/Influential-author-Stephen-R-Covey-remembered-as-

Papa-who-put-family-first.html
- Renard, Florence. 2011. "Les sept vies de Jean-Marie Messier". *Les Échos*. 21 de enero. Consultado el 15 de marzo de 2017. https://www.lesechos.fr/21/01/2011/lesechos.fr/300390167_les-sept-vies-de-jean-marie-messier.htm
- Robert, Virginie. 1998. "Alcatel acquiert l'équipementier américain DSC pour 26 milliards de francs". *Les Échos*. 5 de junio. Consultado el 15 de marzo de 2017. https://www.lesechos.fr/05/06/1998/LesEchos/17660-047-ECH_alcatel-acquiert-l-equipementier-americain-dsc-pour-26-milliards-de-francs.htm
- Seibt, Sebastian. 2011. "Le difficile bilan économique du 11-Septembre". *France 24*. 9 de septiembre. Consultado el 15 de marzo de 2017. http://www.france24.com/fr/20110909-bilan-11-septembre-2001-economie-im-pact-polemique-stiglitz-world-trade-center-attentat-te-rrorisme
- Stein, Nicolas. 2000. "Meet-markets for the new economy First Tuesday's parties bring entrepreneurs and investors together in a networking frenzy. Is that a business plan?". *Fortune Magazine*. 10 de julio. Consultado el 15 de marzo de 2017. http://archive.fortune.com/ma-gazines/fortune/fortune_archive/2000/07/10/283754/index.htm
- Thomas, Renaud. 2014. "Après 1999-2000, une nouvelle bulle internet est-elle en train de se former?". *Captain €conomics*. 26 de junio. Consultado el 15 de marzo de 2017. http://www.captaineconomics.fr/-bulle-internet-krach-boursier
- Thurm, Scott. 1999. "Cisco to acquire Cerent for $6.9

billion in stock". *The Wall Street Journal*. 26 de agosto. Consultado el 15 de marzo de 2017. http://www.wsj.com/articles/SB935625277526496066

FUENTES COMPLEMENTARIAS

- El blog del mando intermedio. 2014. "Ascenso e incompetencia: el principio de Peter". 30 de marzo. Consultado el 25 de marzo de 2017. http://elblogdelmandointermedio.com/2014/03/30/ascenso-e-incompetencia-principio-de-peter/
- Página web de Cisco y, más en concreto, las páginas siguientes: http://newsroom.cisco.com/ ; http://www.cisco.com/web/about/doing_business/corporate_development/acquisitions/ac_year/about_cisco_acquisition_years_list.html
- Página web de los mormones: www.mormon.org ; www.mormonnewsroom.org
- Página web de Stephen R. Covey: www.stephencovey.com
- Pyrsel consultores. 2010. "Dirección de Equipos. Frases célebres". 3 de noviembre. Consultado el 25 de marzo de 2017. http://www.programa10.net/recursos/direccion-de-equipos/133.html

en50MINUTOS.es
Historia
Economía y empresa
Coaching
Book Review
Salud y bienestar
EL DIAGRAMA DE ISHIKAWA
Solucionar los problemas desde su raíz
Material Método Máquina
Madre Naturaleza Medida Hombres
Economía y empresa en50MINUTOS.es
LA GUERRA DE PALESTINA DE 1948
DOMINA EL ARTE DEL NETWORKING
¡APRENDER NUNCA ANTES FUE TAN RÁPIDO!
www.en50minutos.es